Hans Bouma

Jeder Tag ein Geschenk

skv edition

Bildnachweis: Umschlag, S. 39: M. Zimmermann; S. 9: N. Kustos; S. 11, 35: R. Rauth; S. 13, 23: L. Lenz; S. 15: W. Söllner; S. 17: TIPHO-Bildarchiv; S. 19, 31: M. Will; S. 21, 43: V. E. Janicke; S. 25, 37, 45: Ch. Endris; S. 27: L. Schmidt; S. 29: T. Krüger; S. 33: W. Hilpert; S. 41: T. Pichler; S. 47: B. zur Bonsen.

Die Deutsche Bibliothek – CIP-Einheitsaufnahme

Jeder Tag ein Geschenk / *Hans Bouma. [Übers. aus dem Niederländ.: Erika M. L. Blauw-Goebels und Jan J. K. Blauw]. – 4. Aufl. – Lahr : SKV-Ed., 1996*
(Lichtblicke ; 93315)
ISBN 3-87729-958-X
NE: GT

ISBN 3-87729-958-X
ISBN 3-8256-0315-6 (bibliophile Ausgabe)

Lichtblicke 93 315
4. Auflage 1996

Übersetzung aus dem Niederländischen:
Erika M. L. Blauw-Goebels und Jan J. K. Blauw
Gesamtherstellung:
St.-Johannis-Druckerei, 77922 Lahr
Printed in Germany 4775/1996

Jeder Tag ein Geschenk

Über jeden neuen Tag kannst du dich wieder freuen. Jeder Tag ist wieder ein Geschenk. Wieder darfst du Teil des großen Mysteriums sein, das Leben heißt. Wieder hast du die Gelegenheit, so menschlich wie du bist, deinen Weg zu gehen.

Das Bewußtsein, daß dir jeder neue Tag geschenkt wird, kann langsam verschwinden. So vieles geschieht in unserer industrialisierten westlichen Welt automatisch, daß du bald das Aufeinanderfolgen der verschiedenen Tage als Automatismus erfährst. Natürlich kommt nach einem Montag ein Dienstag, nach einem Dienstag ein Mittwoch usw. Unser Kalender zeigt es genau an. Alle

Tage des Jahres liegen fest. Wir treffen Verabredungen für die nächste Woche, für den nächsten Monat, für das nächste Jahr. Und wir rechnen ohne weiteres damit, daß die Tage, die wir ankreuzen, auch wirklich anbrechen. Das ist doch ganz selbstverständlich.

Der moderne Lebensstil macht es für uns nicht einfach, den Geschenkcharakter jedes neuen Tages zu erfahren. Doch kommen wir nicht ohne diese Erfahrung aus. Du hast sie nötig, um jeden Tag als Mensch wieder maximal mitmachen zu können. Sie gibt dir die Inspiration, ihn vom Anfang bis zum Ende sinnvoll und kreativ zu verbringen. Es hätte ihn auch nicht geben können. Womit hast du ihn eigentlich verdient? Gerade weil jeder Tag wieder eine Gabe ist, nimmst du ihn als eine

Aufgabe an – und als eine dankbare Aufgabe: du sollst ihn so gut wie möglich benutzen. Mensch darfst du sein, aus tiefster Seele und sehr festlich Mensch.

Auf diese Weise wirst du dich nicht mehr langweilen. Auch werden deine Tage nicht mehr im Grau des Alltags und in Eintönigkeit versanden. Jeder Tag ist eine Herausforderung, deine Qualitäten als Mensch bis zum Äußersten zu gebrauchen. Jeden Tag darfst du dich wieder von deiner besten Seite zeigen.

Hans Bouma

Du magst deine Gründe haben. Du bist tief enttäuscht. Das Leben hat dir Schmerz bereitet. Wieder warst du der Verlierer. Wieder wurde dir eine Hoffnung genommen. Was hast du noch zu erwarten?

Aber tue es nicht. Ziehe dich nicht in dich selbst zurück. Sage nicht: meine Zeit ist vorbei. Oder: meine Zeit muß noch kommen. Heute lebst du, jetzt ist deine Zeit. Herrlich kannst du dich zu voller Pracht entfalten. Tue es jetzt, verschiebe es nicht. Laß keine Gelegenheit aufzublühen, vorbeigehen.

Wie deine Verhältnisse auch sein mögen, du darfst glänzend hervortreten. Eindrucksvoll darfst du sein. Unterschätze dich nicht. Ziehe dich nicht zurück in eine Leere. Es ist eine Vergeudung. Vergeudung von Zeit. Vergeudung von Leben. Begabt bist du, sehr begabt.

Keinen Tag nehmen, wie er ist. Du würdest dich selbst benachteiligen. Es gibt so viel mehr zu erleben. Alle Eintönigkeit, alle Grauheit verbannen. Den Tag ausnutzen. Du hast genug Kreativität.

Den Tag leicht berühren mit dem Zauberstab deiner Phantasie. Ihn schmücken in den Farben deiner Träume. Und mit der Melodie deiner Seele.

Mache jeden Tag zu deinem Tag. Zu etwas Festlichem. Zu einem kleinen Ereignis. Einem Tag, den du nie vergißt.

Neben allen Dingen, die uns beschäftigen – immer wieder das Mysterium. Leben, das leben will. Leben, das sich ungestüm entfaltet. Leben, das weit die Flügel ausbreitet. Bezauberndes, mitreißendes Leben.

Vielleicht wird viel von dir verlangt. Du hast beinahe keine Zeit für dich selbst. Aber das soll keine Entschuldigung sein. Gehe nicht achtlos weiter. Schaffe Raum in deinem Bewußtsein. Verwundere dich. Verwundere dich jeden Tag aufs neue.

Leben. Nichts ist so spektakulär. Nichts ist so ergreifend. Feuer im Universum. Liebevolle Gebärde des Schöpfers. Greifbare Vision. Verwundere dich. Lege deine Hand auf dein Herz. Sei sprachlos.

Was du auf alle Fälle vermeiden sollst: daß du dich langweilst. Wie glanzlos ist dann dein Leben. Du bleibst dann wohl sehr weit unter deinem Niveau. Es sieht so harmlos aus: die Zeit töten. Aber du spielst mit deinem Leben. Es ist ein wenig sterben.

Jeder Tag ist eine Möglichkeit. Eine Möglichkeit, Mensch zu sein, unwiderruflich und unvergeßlich Mensch. Eine Möglichkeit, die niemals zurückkommt.

Versäume sie nicht. Du hast keine Zeit zu verlieren. Nimm dir Zeit, dich zu verwundern. Zeit für die Menschen, die um dich sind. Zeit für Freundschaft, Zeit für Liebe. Zeit für die Natur. Zeit für den Schöpfer, der dir mit hohen Erwartungen das Leben geschenkt hat.

Warum dich zurückhalten, dir Einschränkungen auferlegen, wenn es um das Menschlichste geht – wenn du glanzvoll ans Licht kommen kannst? Zurückhaltung, Reserviertheit kann erwünscht sein, aber auch fehl am Platz.

Laß Herzlichkeit, Güte und Liebe aus dir strömen. Sei Mensch, ungehemmt, mit deinem ganzen Wesen. Deine Möglichkeiten sind unerschöpflich.

Sei nicht zurückhaltend. Benachteilige dich nicht, benachteilige andere nicht. Sei aufgeschlossen. Lebe aus deiner Quelle. Es macht dich reicher. Immer vollkommener, immer strahlender wirst du.

Dich nicht von anderen entfremden, die Erde nicht loslassen, nicht deine Wurzeln verlieren. Du vereinsamst, fröstelst vor Kälte. Deine Zukunft verblaßt.

Wie ein Baum glauben an die Erde. Boden unter den Füßen. Mutter, die dich trägt. Wie ein Baum glauben an den Himmel. Dach über deinem Kopf. Vater, der dich behütet.

Wie ein Baum glauben an das Leben. Leben, so irdisch; Leben, so himmlisch. Leben im Frühling und Sommer, im Herbst und Winter. Wie ein Baum – so tiefgründig, so weitverzweigt, so empfänglich. Dein Blühen nimmt kein Ende.

Was sie auch sonst noch leisten oder nicht leisten – alle sind sie sehr begabt. Fähig zum Höchsten, zum Heftigsten, zum Menschlichsten. So natürlich, so ganz leben sie.

Imstande zu viel Herzlichkeit, viel Freundschaft, viel Liebe. Wenn sie nur die Gelegenheit bekommen. Wenn du nur an sie appellierst. Ermuntere sie zur Freundlichkeit, ermutige sie zur Zärtlichkeit, Treue, Respekt. Du wirst staunen.

Begabt genug, um beispiellos zu leben. Um erfinderisch und schöpferisch – um maximal Mensch zu sein. Frage die See. Die See, die alles weiß, die alles sagt. Die See, die in allem schweigt. Die welterfahrene See.

Aber es gibt auch weniger glückliche Tage. Tage, an denen du den Anforderungen nicht gerecht wurdest. Tage des Egoismus, Tage ohne Liebe. Oder auch Tage der Schmerzen und des Kummers. Auch Tage der Angst, Tage der Einsamkeit.

Es soll sie geben. Verdränge sie nicht. Auch die dunkelsten Tage, auch die traurigsten Tage gehören dazu. Sie gehören grundsätzlich zu dir und zu deinem Leben.

Schiebe sie nicht beiseite. Du schiebst dich selbst beiseite. Jeder Tag ist ein Tag deines Lebens. Ein Tag, der beitragen will zu deinem Menschwerden, deinem Wachsen in Humanität.

Wenn es nur jeden Tag etwas gibt, das dich tief bewegt. Die Freigebigkeit des Lichts – des Lichts, das dich wie ein Meer umflutet. Die Spontanität eines Kindes. Die Standhaftigkeit eines Baumes. Der Hals eines Schwanes.

Irgendwas. Gleichgültig, was es ist. Eine Zeile aus einem Gedicht. Ein Brief, mit dem du nicht mehr gerechnet hattest. Musik. Jemand, der dir zuwinkt. Zwei alte Menschen, ein Mann und eine Frau auf einer Bank im Park.

Irgendwas. Dann lebst du wenigstens noch. Dann bist du noch nicht verhärtet, noch nicht taub. Dann bist du noch Teil der Wirklichkeit. Mensch bist du dann noch.

Nicht zwei Leben leben. Wie gespalten, wie verkrampft bist du dann. Was immer es dir einbringt – an Vorteil, an Spannung, an Abenteuer, dein Name ist zerbrochen, dein Gesicht zerrissen, deine Identität zweifelhaft. Kein Mensch bist du.

Lebe so, wie du geschaffen bist. Wie aus einem Guß. Aufrecht, aus tiefster Seele wie eine Blume. Unverkennbar sein, der du bist. Mensch mit einem Namen, Mensch mit einem Gesicht. Nur so überzeugst du, nur so hast du Zukunft.

Leben wie aus einem Guß. Lebst du zwei Leben, so lebst du nur halb. Du denkst, damit zu gewinnen, aber du verlierst nur. Dein Name verflüchtigt, dein Gesicht wird undeutlich. Der Augenblick kommt, da kennt man dich nicht mehr.

Es ist unvorstellbar. Daß dieses geschah! Einmal entkeimtest du wie eine Blume. Wort in der Stille, Feuer im Dunkel, Gesicht im Kosmos. Halte deinen Atem an. Ein unvergleichliches Ereignis. Einmal wurdest du Mensch. Unaufhaltsam kamst du ans Licht.

Du lebst. Du bist immer wieder eine Überraschung. Warmer, glühender Körper, Körper, so leicht im Spiel, so tief im Ernst, so stark in Weisheit. Körper mit einem Herzen. Mensch, aufsehenerregend und herrlich Mensch.

Du lebst. An einem großen Mysterium hast du teil. Verwundere dich. Daß du auf der Welt bist, ist nicht selbstverständlich. Es hätte dich auch nicht geben können. Verwundere dich. Jeder Tag soll der erste sein.

Älter wirst du, immer älter. Einmal wird es Herbst, einmal wird es Winter.

Wenn nur dein Staunen nicht abnimmt. Wenn du dich nur jeden Tag von neuem überraschen läßt vom Licht, von den Blumen, von den Bäumen, den Vögeln. Von den Menschen in deiner Umgebung. Von ihrer Wärme, ihrer Freundschaft, ihrer Zuneigung. Wenn du auch selbst nur nicht aufhörst zu überraschen. Ein Freund bist, eine Freundin, ein Geliebter, eine Geliebte. Anlaß zur Freude, Quelle der Beseelung.

Älter wirst du, immer älter. Aber auch reicher, immer reicher. Reicher an Geschichte. Reicher an gelebtem Leben. Einmal wird es Herbst. Aber ein Herbst kann voll von Frühling sein. Ein Winter voll von Sommer.

Nicht gepflanzt. Nicht organisiert. Kein Produkt menschlicher Anstrengungen. Aber deswegen nicht weniger wertvoll. Im Gegenteil. Was dich tief bewegt, dich verwundert, was dir ein starkes Glückserlebnis bereitet – kommt das nicht immer von außen her in dein Leben? Ist es nicht immer pure Überraschung?

Diese Blume. Wie zufällig hierhergeweht. Ein Geschenk des Windes. Ein Geschenk des Lebens. Eine Liebkosung der Schöpfung. Oder des Schöpfers? »Denn seinen Freunden gibt er's schlafend« (Salomo).

Sei empfänglich dafür. Öffne deine Seele für das, was dir in den Schoß fällt. Sei aufgeschlossen für alle Liebe und Zärtlichkeit, für alles, was dich neu belebt und erquickt.

Träumend dich der Musik hingeben, den sanften Wellen von Mozarts Musik – hoch über den Wolken schweben mit Schubert. Ausgestreckt im Gras liegen, dem so beruhigenden Gras. Spielen mit Gedanken. Blättern in einem Baum wie in einem Buch. Wie eine Blume das Licht umarmen.

Sicher, es kostet Zeit. Und anscheinend bringt es gar nichts. Wenn du dir diesen Luxus überhaupt leisten kannst.

Aber täusche dich nicht. Atempausen, Oasen, ohne die du nicht leben kannst. Kein Luxus, sondern Notwendigkeit. Sinnvoll benutzte Zeit. Nur so behält das Leben seinen Glanz. Nur so verspielst du nicht die Zeit deiner Blüte.

Auch Schatten, auch Dunkelheit. Auch Schmerzen, auch Kummer. Risse in deinem Glück, Verfall, Verlust des Glanzes. Was erwartest du denn. Das Leben gibt und nimmt, es ist gut und hart. Vieles, das dich begeistert; vieles, das dich erschüttert; vieles, das dich heimsucht. Mensch bist du, ein verletzbarer Mensch.

Und immer wieder das Licht. Unbezähmbar, triumphierend, segnend. Es ist nicht aufzuhalten. Immer wieder die Freude, die alles übertrifft.

Es gibt kein Entrinnen für dich. Du wirst es auch erfahren. Dunkelheit und Kummer werden dich treffen. Aber du sollst nicht an sie glauben. Glaube nur an das Licht. Glaube nur an die Freude.

Tage, an denen du bei der Natur zu Hause bist. Du nahe bei der Erde lebst. Der Erde, die dein Ursprung, deine Mutter ist. Boden unter deinen Füßen. Körper, der dich trägt und nährt.

Tage mit der Natur. Keine verlorenen Tage. Gewonnene Tage. Sprechen mit den Bäumen. Immer sind sie für dich da. Sie erkennen dich, fühlen sich mit dir verwandt. Den Vögeln zuhören. Der Stille zuhören. Der Stille, auch der Stille deiner eigenen Seele.

Tage mit der Natur. Nimm dir Zeit für sie. Sehne sie herbei. Du brauchst sie. Selbst bist du Natur. Eine kurze Zeit bist du wieder zu Hause.

Störe sie nicht. Rufe sie nicht zur Ordnung. Besser können sie ihre Zeit nicht benutzen. Sinnvoller kann ihr Tag nicht sein.

Was sie tun? Sie träumen. Mühelos erträumen sie sich ihre Welt. Eine heile Welt ohne Risse. Eine Welt, in der alles noch mit allem zusammenhängt. Ein Haus – wie ein Himmel auf Erden.

Störe sie nicht. Erwärme dich an ihnen. Freue dich an ihnen. Ihre Welt ist die einzige Welt, die wirklich Bedeutung hat. Die einzige Welt, die Zukunft hat. Träume mit ihnen. Wie schön wird dein Tag sein.

Soviel Kummer in diesem Haus. Wenn du alles wüßtest! Zwar blühen die Blumen und singen die Vögel, doch die Menschen sind geschlagen, gelähmt, sind verzweifelte Menschen. Menschen, die nicht Mensch sein dürfen.

Vieles beschäftigt dich, Aufgaben fordern dich ganz. Aber es gibt Prioritäten. Laß sie nicht allein. Versetze dich in ihre Lage, sei einfühlsam – dazu bist du doch Mensch. Sei ihr Hausgenosse. Licht und Brot. Sei ihnen Obdach.

Lebe. Lebe weitherzig. Teile ihre Sorgen. Begnüge dich nicht mit weniger. Siehe die Blumen blühen, höre die Vögel singen.

ПОЩА

Fühle ihren Atem, fühle ihre Wärme. Leben, das Leib wurde, atmender Leib. Makelloser, überzeugender geht es nicht. Spitzenleistung des Schöpfers. Erkenne seine Fingerabdrücke.

Mensch bist du. Gewiß, auch Seele, auch Geist, auch Ratio. Aber nicht weniger: Mensch auf der Erde, Mensch aus Fleisch und Blut. Spüre die Verwandtschaft. Vieles, das trennt, vieles, das verbindet. So menschlich wie du bist, so leiblich bist du auch.

Spüre die Verwandtschaft. Schöpfung bist du. Zusammen mit allem, was lebt: Körper, atmender Körper. Erde, herzerfreuende Erde. Die Pferde und du – aus ein und derselben Hand kommt ihr.

Jeden Tag wieder erwartungsvoll das Fenster öffnen. Dich empfänglich zeigen für die Freundlichkeit des Lichts, die Weisheit der Bäume, das Spiel von Wind und Wetter, die Stimmen der Menschen.

Jeden Morgen wieder tief Atem holen. Am eigenen Leibe, an der eigenen Seele erfahren, daß du auf der Erde bist. Dich vorbehaltlos dem Leben hingeben. Dem Leben, das sich nach dir sehnt. Das Leben, das dich braucht. Viel wird wieder von dir erwartet.

In jeden Morgen hineingehen, als wäre es der erste Morgen. Der erste Morgen deines Lebens. Der erste Morgen der Welt.

Autor und Verlag würden sich freuen, wenn Ihnen der Bildband so gut gefallen hat, daß Sie gerne auch noch die anderen dieser Reihe kennenlernen möchten.
Gerne nennen wir Ihnen alle Titel, die in der Reihe LICHTBLICKE bisher erschienen sind: